AF362827

Aischylos

Die Orestie: Agamemnon

e-artnow 2018

Friedrich Schiller
Die Jungfrau von Orleans

Friedrich Schiller
Wilhelm Tell

Johann Wolfgang von Goethe
Faust

Achim von Arnim
Das Frühlingsfest (Nachspiel)

Aristophanes
Die Frösche

Joachim Wilhelm von Brawe
Der Freigeist

Walt Whitman
Grashalme

**Aischylos**
**Gesammelte Tragödien:** Agamemnon + Die Perser + Der gefesselte Prometheus

Jean Baptiste Racine
Phedre

Gotthold Ephraim Lessing
Emilia Galotti

*Aischylos*

# Die Orestie: Agamemnon

*Übersetzer: J. G. Droysen*

e-artnow, 2018
ISBN 978-80-273-1592-5

# Agamemnon

Personen

Wächter
Klytaimestra
Herold
Agamemnon
Kassandra
Aigisthos
Chor argivischer Greise

*(Königspalast zu Argos. Auf dem flachen Dach der Wächter)*

Wächter:
Die Götter bitt ich um Erlösung dieser Mühn
Der langen Jahreswache, die ich, lagernd hier
Im Dach des Atreushauses wie ein Wächterhund,
Der stillen Sterne Nachtverkehr mit angesehn,
Und die den Menschen Winter bringen und Sommerzeit,
Die hellen Führer, funkelnd durch des Äthers Raum.
Und wieder späh ich nach des Flammenzeichens Schein,
Dem Strahl des Feuers, das von Troja Kunde bringt
Und Siegesnachricht; also, denk ich, hat es mir
Geboten meiner Herrin männlich ratend Herz.
Und halt ich so hier meine nachtgestörte Ruh,
Vom Tau durchnäßt, nie mehr von Träumen aufgesucht,
So steht ja statt des Schlafes neben mir die Furcht,
Zufallen könnte gar im Schlaf mein Augenlid.
Und wenn ich ein Lied mir singen oder pfeifen will,
Den besten Schlaftrunk für den Wachestörer Schlaf,
So wein ich seufzend über dieses Hauses Los,
Das nicht, wie sonst wohl, allem Wetter glücklich trotzt.
So käm erwünscht mir meiner Müh Erlösung jetzt,
Erschien' des nächtgen, botenfrohen Feuers Schein.

*(Auf den Bergen steigt eine Flamme auf)*

O sei gegrüßt mir, Licht der Nacht! Taghelle Lust
Weckst du in mir, erweckst in Argos weit und breit
Festchorgesänge, diesem Glück zum Dank geweiht!
Hoiho, hoiho!
Agamemnons Gattin will ich es laut verkündigen,
Daß schnell ihr Lager sie verlasse, im Palast
Den freudenhellsten Jubel diesem Feuerschein
Entgegenjauchze, da die Troerfeste ja
Gefallen ist, wie dort der Schein es hell erzählt!
Dann will ich selbst beim Fest den Vortanz halten; mir
Auch klecken soll's, daß meiner Herrschaft Würfel jetzt
Gut fiel; die achtzehn Augen bringt mein Spähen mir.
Nun aber will ich meines Fürsten liebe Hand,
Des Heimgekehrten, schütteln hier mit dieser Hand;

Vom andern schweig ich; mir verschließt ein golden Schloß
Den Mund; das Haus selbst, wenn es sprechen könnte, würd
Am besten ihm erzählen; denn der's weiß, mit dem
Besprech ich gern; für den, der's nicht weiß, schweig ich gern.

*(Wächter ab)*
*(Der Chor der Greise tritt auf)*

Chorführer:
Zehn Jahre nun sind's,
Seit Priamos' mächtiger Richter, der Fürst
Menelaos, mit ihm Agamemnon zugleich,
Das erhabene Paar der Atriden, in Zeus'
Zweithroniger Macht, Zweizeptergewalt,
Der Argiver tausendschiffigen Zug
Von jenem Gestad
Fortführten, Genossen des Krieges.

Voll Zornmut schrien sie gewaltigen Kampf,
Wie der Weih des Gebirgs im verwilderten Schmerz
Um die Brut hoch hin sein einsam Nest
Unermüdlich umkreist,
In der Fittiche ruhendem Ruder gewiegt;
Der ins Nest bannenden,
Für die Küchlein der Sorge verwaiset!

Doch droben ein Gott, ist's Pan, ist's Zeus,
Ist es Apollon, er vernimmt des Geschreis
Weithallenden Schmerz um die fehlende Brut;
Die Vergelterin schickt,
Die Erinnys, er dem Verruchten!

Also zum Gericht Alexanders hat Zeus,
So des Gastrechts Hort, die Atriden gesandt;
So läßt um das männerumbuhlete Weib
Unablässigen, gliederzerschmetternden Kampf,
Das ermattende Knie an den Boden gestemmt,
In des Vorkampfs Tosen die Lanze zerschellt –
So läßt er die Danaer kämpfen,

Und die Troer zugleich! Mag's immer denn sein,
Wie es sei; es erfüllt das Verhängte sich doch,
Nicht Spend und Gebet, nicht Zauber beschwört,
Nicht Tränen vertilgen den lauernden Zorn
Der sühnevergessenen Gottheit!

Doch wir, kraftlos mit gealtertem Leib,
Die vom Zuge zurück man damals ließ,
Wir weilen daheim,
Die kindische Kraft mit dem Stabe gestützt,
Denn das jugendlich rüstige Mark in der Brust,
Das zur Tat anfacht, alt ist's; hier wohnt
Nicht Kampflust mehr.
Wer dem Alter erliegt, wem herbstlich die Stirn
Sich entlaubet, er wankt dreifüßigen Gang,
Nicht kräftiger mehr denn ein kraftlos Kind,
Ein tagumwandelndes Traumbild!

Chorführer:
Doch, Königin, sprich,
Du des Tyndaros Kind, Klytaimestra, was ist?
Was Neues geschah?
Auf welches Gerücht, auf wessen Bericht
Ist's, daß du die Opfer verteilest?

Und den Göttern zumal, den Beschirmern der Stadt,
Himmlischen, Unteren,
Den Behütern des Markts, den Olympiern flammt's
Von Geschenken auf jeglichem Altar!

Und hüben und drüben zum Himmel empor
Steigt flackernde Glut,
Mit des heiligen Öls duftsüßem Getröpf,
Wie mit arglos schmeichelndem Zauber getränkt,
Mit dem Weihöl fürstlicher Habe!

So sage davon, was kund mir zu tun
Du vermagst und du willst!
So werde du mir der Besorgnis Arzt!
Was mich bang jetzt läßt in die Zukunft sehn,
Jetzt heiter im Schein sich der Opfer erhellt,
Dies Hoffen, die weitere Sorge verbeut's,
Den geheim herznagenden Kummer!



**Opfergesang**
**Erste Strophe**

Chor:
Ich darf singen der herrlichen, zeichenbegünstigten Fürsten
Glückliche Fahrt – denn es haucht mir Vertraun zu den Göttern
Dies Festlied ein,
Kraft inwohnendes Alter –,
Wie einst die zwiethronige Kraft der Achaier, der griechischen Jugend
Einige Feldherrn,
Fort mit Speer und mit rächendem Arme der Vogel des Mutes
Sandte gen Troja,
Der Luftkönig die Könge der See:
Der im schwarzen Gefieder voran, der im schneeweißen Fittich
Ihm nach zum Palast an der Lanzenseite;
Auf weitschauendem Horste
Saßen sie, weideten dort vom Geweide der tragenden Häsin,
Im letzten Lauf zum Tod erhascht.
Ailinon, Ailinon rufet! Das Gute siege!

**Erste Gegenstrophe**

Und der erfahrene Seher, die zwei einmütigen, kühnen
Fürsten erkennend, erkannte die Hasenverschlinger,
Des Zugs Führer;
Also sprach er die Deutung:
"Wohl wird dereinst Priamos' Feste die Beute der Heerfahrt;
Alle des Schlosses,

Alle des Volkes gesammelte Schätze, sie wird mit Gewalt einst
Rauben die Moira;
So hat nimmer der Ewigen Neid
Die gefährdeten Wälle mit Heeresgewalt so nie umnachtet!
Die lautere Artemis zürnt dem Hause,
Den Flugdienern des Vaters,
Weil mit der Frucht sie die tragende, zagende Mutter geopfert;
Sie haßt der Adler arges Mahl!"
Ailinon, Ailinon rufet! Das Gute siege!

### Epode

"So treuen Sinns schirmt die Holde
Des zürnenden Leun ungeborne Brut,
Sorgt für alle des heidedurchfliehnden Wildes saugende Jungen!
Enden wird sie, was Gunstreiches der Aare
Zeichen zugleich so erfreuend, so dräuend verkündet!
Dem Helfer will ich, dem Paian rufen,
Daß sie den Danaern nimmer ermüdender, widriger Winde Fahrthemmung zusend,
Lüstern nach anderem Opfer, geweiht mit Verstummen und Blutschuld,
Heimlichen, keimenden Hasses Geburt, mannscheulos Freveln, da furchtbar
Sein die empörte, mißehrte,
Tückische Herrin im Haus,
Schlaflos kindrächende Wut harrt!"
Also geweissagt wurde von Kalchas zu freudigstem Glücke
Böses aus fahrtvordeutendem Aar dem Hause der Fürsten.
Diesem ein gleiches
Ailinon, Ailinon rufet! Das Gute siege!

### Zweite Strophe

Zeus, wer Zeus auch immer möge sein, ist er dieses Namens froh,
Will ich gern ihn nennen so;
Ihm vergleichen kann ich nichts, wenn ich alles auch erwäg,
Außer ihm selbst – wenn des Denkens vergebliche Qualen
Ich in Wahrheit bannen will!

### Zweite Gegenstrophe

So, wer ehedem gewaltig war, allbewerten Trotzes hehr,
Was er war, nicht gilt es mehr;
Der darauf erstand, dem Allsieger unterlag auch der.
Aber den Zeus im Gesange des Sieges zu preisen,
Alles Denkens Frieden ist's!

### Dritte Strophe

Ihn, der uns zum ernsten Nachsinnen leitet, uns in Leid
Lernen läßt zu seiner Zeit;
Drum weint auch im Traum im Herzen noch
Kummer leideingedenk, und es keimt
Wider Willen weiser Sinn.
Wohl heißt streng und schonungslos der ewgen hochgethronten Götter Gunst!

### Dritte Gegenstrophe

Gleiches hat des Griechenzugs ältrer Führer kummervoll,
Seinem Seher sonder Groll,
Ringsandräundem Kummer ernst bereit,
Als in ruhmloser Rast fahrtgehemmt

Schwierig schon das Griechenheer,
An dem Aulisstrand gelagert, rückwärts Chalkis' Brandung strömen sah –

### Vierte Strophe

Vom Strymon her wehten da die Winde
Rastloser Rast, hafenlosen Treibens,
Des Zugs Verzug,
Für Tau und Kiel immer neu Gefährde;
In trostlos langer Säumnis welkend,
Schwand auch des Heers blühnde Jugend schon dahin;
Und als ein Mittel nun,
Ärger den Fürsten selbst als ärgster Verzug, der Seher,
Artemis' Zorn deutend, erfand, und sie den Stab tief in den Sand
Stießen und selbst Tränen sie nicht hemmten, des Atreus Söhne –

### Vierte Gegenstrophe

Da also sprach dieses Wort der Ältre:
"Ein hartes Los ist es, nicht zu folgen,
Und hart, daß ich
Soll schlachten mein Kind, des Hauses Kleinod,
Am Altar tauchen meine Hand soll,
Die Vaterhand, in der Tochter Opferblut!
Was ist von Schmerzen frei?
Soll ich das Heer verraten? Täuschen die Kampfgenossen?
Daß sie das windstillende Sühnopfer, das jungfräuliche Blut
Wilden Geschreis fordern, gerecht ist es; es stünde gut dann!"

### Fünfte Strophe

Als er dem Joch so der Not sich beugte,
Als er der unselgen Sinneswandlung
Nachdachte, der arg unheilgen, da
Ergriff er kühn allzukühnen Vorsatz!
Denn so emporstachelt den Menschen ein erster Irrtum, den er begeht
Sinnverstört. Sinnbetört trug er's nun,
Sein Kind schlachten zu sehn für jenen weibstrafenden Krieg, der Meerfahrt
Bräutliche Totenweihe!

### Fünfte Gegenstrophe

Ihr Bitten nicht, nicht ihr "Vater" Rufen,
Nicht ihre jungfräulich süße Jugend
Erbarmte der Feldherrn wilden Mut;
Der Vater sprach sein Gebet; er hieß sie
Den Diener hoch auf dem heilgen Herd niederhalten, in das Gewand
Tiefverhüllt, vorgebeugt, ziegengleich,
Befahl streng zu bewachen ihren schönrosigen Mund, daß nicht sie
Jammernd ihr Haus verfluche.

### Sechste Strophe

Sie schwieg dem Machtwort in lautlosem Zwang;
Ihr Safrankleid ließ sie niederfließen,
Und sah mit wehmütgem Blick bang zu jedem bittend ihrer Opfrer,
Als ob sie so mahnen wie ein stummes Bild
Ihn jetztan sonst wollte, wo
Im goldnen mahlreichen Vätersaal sie
Jungfräulich blöd sang ihr Lied, in des Gesangs kindlich frommer Lust
Des vielteuren Vaters dreimal seliges Los zu preisen.

Was drauf geschah, sah ich nicht, sag ich nicht;
Doch unerfüllt bleibet Kalchas' Wort nicht!
Denn Dike wägt je für Leid auch Belehrung zu. Die Zukunft –
Wer beugt ihr aus? – mag voraus ich nimmer schaun;
Dem wär voraustrauern gleich;
Denn klar dem Ausspruch entsprechend kommt sie!
Was muß geschehn, wenden mag sich es zum Heil, falls es gönnen will,
Der hier nächster Hort uns weilt, des apischen Landes Schirmherr!

Chorführer:
Ich nah in Ehrfurcht, Klytaimestra, deiner Macht;
Das ist gerecht, zu ehren seines Königes
Gemahlin, wenn verwaist ist seines Herrn der Thron.
Doch ob du nun Glaubwürdges hörtest oder nicht,
Daß du in botschaftsfroher Hoffnung opfertest,
Das gern erführ ich; aber schweigst du, kränkt's mich nicht.

Klytaimestra:
Ein Evangelium, wie's im Sprichwort heißet, ward
Das Morgenrot uns von der Mutter Nacht gesandt.
Ja, Freude höret über alle Hoffnung groß:
Die Achaier nahmen ein die Stadt des Priamos!

Chor:
Was ist? Das Wort entging mir aus Unglaublichkeit!

Klytaimestra:
In der Griechen Hand ist Troja! Sprach ich nun es klar?

Chor:
Es ergreift mich Freude, Tränen ruft sie mir hervor!

Klytaimestra:
Daß du es wohl meinst, zeigt dein Aug mir unverstellt.

Chor:
Sprich, hast du Zeugnis dessen, sicher und gewiß?

Klytaimestra:
Gewiß, was sonst denn? Wenn ein Gott mich nicht betrog.

Chor:
Du ehrst vielleicht ein überredend Traumgesicht?

Klytaimestra:
Nie würd ich Glauben schlafestrunkenem Sinne leihn.

Chor:
So macht ein schnellbeschwingt Gerücht dich wohl so froh?

Klytaimestra:
Als wär ich ein kindisch Mädchen, so verhöhnst du mich.

Chor:
Zu welcher Zeit war's, daß die Stadt vernichtet ward?

Klytaimestra:
In dieser Nacht war's, welche diesen Tag gebar.

Chor:
Doch welcher Bote mochte sich so schleunig nahn?

Klytaimestra:
Hephaistos, der vom Ida hellen Strahl gesandt!
Denn hergeschickt hat in der Feuer Wechselpost
Ein Brand den andern. Ida selbst zum Hermesfels,
In Lemnos; von der Insel her zum dritten nahm
Den breiten Lichtstrahl auf des Zeus Athosgebirg.
Hochleuchtend, daß der Wanderin Flamme mächtger Schein
Weithin der Meerflut Rücken überflog, ein Brand
Der Freude, ward goldstrahlend, einer Sonne gleich,
Zur Warte von Makistos dann das Licht gesandt.
Die schürte weiter, säumig nicht noch unbedacht
Vom Schlaf bewältigt, ihren Botenteil hinaus.
Und wieder fernhin eilend gen Euripos' Flut
Rief auf der Strahl die Wächter auf Messapios.
Die dann entbrannten und entsandten neuen Schein,
Der Graias Haufen Heidekraut anzündete.
Die rüstge Flamme, nicht ermüdet noch geschwächt,
Sie eilte weithin über Asopos' Ebene,
Gleich hellem Mondlicht, gen Kithairons Felsenstirn
Und weckte schnell der Feuerboten Wechsel auf.
Fernhin erkennbar neue Flamme schürte dort
Die Wache; hoch schlug dann das hellste Feuer auf
Und warf den Glanz weit über den Gorgopis-See.
Auf Aigiplanktos' Scheitel treffend trieb es an,
Des Fanales Lichtbahn nicht zu stören; schnell geschah's;
Sie sandten glutanschürend zu wolkenglühndem Schein
Den mächtgen Schweif der Flamme, daß er fernhinaus
Die weite Spiegelfläche des saronischen
Meerbusens leuchtend überstrahlte, bis er kam
Zu Arachnaions Gipfel nah bei unsrer Stadt.
Von dort ergoß dies Feuer sich in dieses Schloß
Der Atriden, echter Enkel der idäischen Glut.
So war die Ordnung dieses Fackellaufs bestimmt
Und, so mit Flamme Flamme wechselnd, schnell erfüllt;
Im Flammenlauf die erst und letzte hat den Preis.
Ein solches Zeugnis, solches Zeichen nenn ich dir,
Aus Troja mir voraus von meinem Mann gesandt.

Chor:
Die Götter, Herrin, preisen will ich sie demnächst;
Doch anzuhören, zu bewundern jenes Wort
Von neuem, möcht ich, daß von neuem du es sprächst.

Klytaimestra:
's ist Ilion der Griechen Beute diesen Tag!
Ich glaub, ein unvermischt Geschrei durchhallt die Stadt;
Gießt Öl und Essig du in einen Krug, so siehst
Du sie geschieden fort und fort und nicht vereint;

So wird der Sieger, so der Besiegten Rufen dort
Geschieden, so zwiefachen Loses Zeichen sein.
Die einen tiefgebeuget bei den Leichen der
Erschlagnen Männer, der Geschwister, und das Kind
Beim greisen Vater, sie beklagen nimmermehr
Mit freier Kehle dies Geschick der Teuersten.
Die andern, nachtdurchirrend, hungermatte Gier
Hat sie zum Imbiß, wie und wo die Stadt ihn beut,
Verwildert, reihlos Reih und Glied, umherzerstreut;
Wie jeder je das Los des Glückes sich gewann,
So hausen sie in Trojas speererrungenen
Palästen, für des freien Feldes Lagerplatz
Und kalten Tau ein guter Tausch – die Glücklichen!
Die ganze Nacht durch schlafen sie nun unbewacht.
Und ehren jetzt sie jenes Landes, jener Stadt,
Der Besiegten Götter und der Götter Tempel, dann
Vielleicht erliegt der Sieger nicht dem eignen Sieg.
Doch reize nicht Begier zu früh das Heer, besiegt
Von schnöder Habsucht mehr zu wollen, als es darf;
Es braucht zur Heimkehr noch zurück die zweite Fahrt,
Bevor des Seezugs Doppelbahn vollendet ist.
Und käme schuldlos auch den Göttern heim das Heer,
Wach könnte dennoch werden der Erschlagnen Blut,
Geschäh hinfort auch keine neue Freveltat. –
Von mir, von einem Weibe, habe das gehört!
Das Gute siege, jedem Blick unzweifelhaft!
Mit teuren Opfern hab ich solchen Wunsch erkauft.

Chor:
Du sprachst, o Herrin, würdig eines würdgen Manns;
Ich aber will den Göttern, da mich überzeugt
Dein früher Zeugnis, singen meinen frohen Dank;
Denn fromm erkannt sei's, wenn sich Mühe so belohnt.

Chorführer:
Allherrschender Zeus und du, freundliche Nacht,
Du Spenderin leuchtenden Schmuckes,
Die du fest anzogst um Ilions Burg
Dein fangendes Garn,
Und keiner entkam, nicht klein noch groß,
Dem gewaltigen Netze der Dienstbarkeit,
Dem alles erfassenden Unheil!
Dich, gastlicher Zeus, hoch ehr ich auch dich,
Der du das zu erfüllen an Priamos' Sohn
Längst hieltest den Bogen der Rache gespannt,
Daß weder zu früh noch ins Dunkel der Nacht
Ein eitel Geschoß hinschwirrte!

**Erste Strophe**

Chor:
Wie Zeus traf, wissen sie zu sagen;
Auch das vermag man aufzuspüren:
Er hat's vollbracht, zu enden!

Meinet nicht, daß die Götter den
Ihrer Sorg würdigen,
Der unverletzbares Recht
Zertrat – und der scheute's nicht!
Beweis ward sein Geschlecht,
Das tollkühn Kampf gewagt,
Im Kriegsmut wilder denn gerecht war,
Im Hochmut überstolzen Glückes,
Im Übermaß schuldig!
Sei mein Geschick niedrig, sei der Armut
Reines Gewissen gnug mir!
Schutz nicht bietet der Reichtum
Dem, der, Glückes gesättigt,
Frech zertrat der Gerechtigkeit Altar, gegen Vernichtung!

**Erste Gegenstrophe**

Gewaltsam treibt die arge Peitho,
Betörend emsig Kind des Unheils;
's ist Rettung allvergeblich!
Nie verglimmt, hell, ein lodernd Feuer,
Grausig hell zeugt die Schuld!
Gleich schlechter Goldmünze nützt
Gebrauch und Zeit prüfend ab
Den Goldschein, falsch gemünzt!
Denn nachlief, knabenhaft
Betört, *der* schnellbeschwingtem Vogel,
Der Heimat bittrer Prüfung Anfang!
Ihr Jammern hört keiner
Der Götter an, sondern zürnend trifft er
Jenen, des Frevels Anfang!
Also Paris, der damals
Gast im Haus der Atriden
Frech den gastlichen Tisch entweiht, der die Gattin entführt hat.

**Zweite Strophe**

Dem Volk daheim ließ sie kriegsrüstgen Lärm
Und Schildesklang, Speergedräng, Schiffsgeschrei am Strande,
Nahm Ilions Verderben mit als Brautgeschenk;
So floh sie durch die Pforte dahin,
Verwegnes wagend. Und es schrien laut,
Wehklagten laut ihres Hauses Seher:
"O Haus! O Haus! Wehe, weh dir, Fürstenstamm!
Weh, bräutlich Bett! Spuren toter Liebe, weh euch!"
Dort er, beschimpft schweigend, sonder Zorn und Groll,
Süßträumend, die er verlor, zu schauen,
Er wähnt voll Sehnsucht, die Meerentflohne
Walt' im Geist noch daheim im Hause;
Alles heiligen Bildes
Anmut ist ihm zuwider,
Ihres Auges verlorne Lust aller Liebe Verlust ihm!

**Zweite Gegenstrophe**

Und traumverwebt, trauerreich umschweben
Gestalten ihn, seines Grams wunderholdes Trugspiel.

So trughaft, wenn du Liebstes wähnst zu schaun,
So flüchtig deinen Händen entflohn
Verfliegt, verschwindet dir mit leisem Flügel
Dein Traumgesicht weit in Schlafes Weiten.
Also der Gram an des Fürstenhauses Herd;
Schon der so groß – und ein andrer größer noch!
Denn wer aus griechischem Lande mitgezogen ist,
Endloses Grämen weilt daheim
In seinem Haus Tag und Nacht;
Vieles nagt tief am tiefsten Herzen:
Denn wen jeder dahingab,
Weiß er; aber zurückkehrt
Statt des Mannes in jeglich Haus sein Gewaffen und Asche.

### Dritte Strophe

Ares, der Leichname Goldwechsler ist's,
Im Kampf des Speers blutger Todeswäger,
Von Troja heimsendet er den Lieben
Ein kleines, trübselges Überbleibsel,
An Mannes Statt mit Staub gefüllt schönverzierten Aschenkrug!
Drum jammern sie, sie preisen ihn aller Schlachten Tapfersten,
Sie rühmen, daß er herrlich fiel, kämpfend um fremden Mannes Weib!
So in der Stille wird gemurrt,
Und es beschleicht des Kampfes Urheber des Hasses Unheil.
Aber wer in der Schlacht fiel,
Ruht dort unter den Mauern,
Ruht im troischen Grabe; fern deckt ihn feindlicher Boden!

### Dritte Gegenstrophe

Gefährlich wächst Volkes Murren, grollgemischt,
Zahlt zurück volkentpreßter Flüche Schuld;
Zu hören bangt meine Sorg ein Ende
Endloser Nacht! Unerspäht den Göttern
Bleibt nimmermehr, wer Blut vergoß, und der Erinnyen schwarze Schar
Quält den, der glücklich wider Recht ist, einst mit unglückselger Fristung
Des Lebens tot; geknechtet, so späht er umsonst nach Schutz umher;
Selbst in des Ruhmes Übermaß
Brütet Gefahr; denn seinen Blitz schleudert des Donnrers Neidblick!
Mein mag mäßiges Glück sein,
Nicht als Städtezertrümmrer
Möcht ich, aber in Feindes Hand auch mich nimmer erblicken!

### Epode

Ein botenfroh Feuer ließ
Durch unsere Stadt schnell Gerücht
Eilen; aber ob es wahr, wer weiß es?
Wahrheit wahrlich ist der Götter nur!
Wer wird so kindergläubig, so verblendet sein,
An dieses Scheins neuer Kunde sein Gemüt erst zu wärmen, dann, getäuscht, bittren
Tausches Bild zu sein?
Für Weibes Witz paßt es, eh sie offenbar, schon zu preisen Glückes Gunst!
Leichtgläubig zu leicht verbreitet sich Frauengeschwätz,
Wie Windeswehn; doch windverweht
Versinkt zu Nichts weiberausposaunt Gerücht! –

Klytaimestra:
Bald offenbart sich's, ob der Botenfackellauf,
Die Wachtfanale meiner Feuerwechselpost,
Wahrhaftig waren oder wie ein Traumgesicht
Mit süßer Täuschung meinen Sinn das Licht beschlich.
Ich seh den Herold vom Gestade schon sich nahn,
Das Haupt vom Ölzweig überschattet; schon bezeugt's
Des Kotes Zwillingsbruder euch, der durstge Staub,
Nicht werde lautlos, nicht von Feuern7 hochgeschürt
In des Berges Waldung ferner Rauch euch Bote sein,
Nein, klaren Worts bringt uns entweder sein Bericht
Mehr Freude – was entgegen dem, verschweig ich gern,
Auf daß dem nahnden Glücke glücklich sei der Gruß!

Chorführer:
Wer jenes andere diesem Lande gönnt und wünscht,
Der ernte selbst einst seiner Mißgunst schnöden Wunsch!

*(Ein Herold tritt auf)*

Herold:
O meine Heimat, Argos, teures Vaterland!
Mit des zehnten Jahres Sonne kehr ich wieder heim!
Zwar mancher Hoffnung ärmer, doch in einer reich:
Denn nimmer glaubt ich, daß in Argos' Erde noch
Des liebsten Grabes Stätte mir beschieden sei.
Nun sei gegrüßt, Land! Sei gegrüßt, du Sonnenlicht!
Und du, des Landes Walter, Zeus! Du, pythischer Fürst,
Mit feindlichem Bogen fürder uns nicht pfeilgewiß –
Entgegen gnug erschienst du am Skamander uns –,
Nun wieder sei uns Helfer, sei uns Streitgenoß,
Du, Fürst Apollon! Euch, ihr kampfbeschirmenden
Gottheiten, alle ruf ich, meinen Schützer auch,
Den teuren Herold Hermes, der Herolde Zier!
Und ihr, Heroen, die uns leitetet, gnädig wollt
Das Heer empfangen, das der Lanzen Wut verschont!
Du, meiner Fürsten Palast, vielgeliebtes Haus,
Ihr heiligen Stätten, Götter ihr im Sonnenlicht,
Wenn irgend je, empfanget heitren Auges jetzt
Im Schmuck den König, unsren Herrn, nach langer Zeit;
Denn heimgekehrt ist, euch und diesen allen Licht
Nach trüber Nacht zu bringen, Agamemnons Macht!
Ihr werdet festlich ihn empfahn, wie's dem gebührt,
Der Ilion zerstörte mit des Rächers Zeus
Gewaltger Grabscheit, die den Boden unterwirft.
Der Götter Tempel und Altäre sind gestürzt
Und allvernichtet alles Feldes Saat umher.
Der solches Joch anschirrte Priams stolzer Stadt,
Der hehre Fürst Atride, der allglückselge Held,
Er kommt, vor allen höchster Ehre wert, soviel
Jetzt leben. Paris noch die mitgestrafte Stadt
Berühmen fürder größrer Tat als Buße sich;
Denn er, des Raubes, der Entführung schuldig, fand
Sich keinen Retter; sein zum Tod gezeitigter

Ureingeborner Fürstenstamm, er riß ihn aus!
So ward der Priamiden Doppelschuld gebüßt!

Chor:
Achaierherold, Freude dir. Sei froh begrüßt!

Herold:
Ja, Freud; ich stürbe gern jetzt; nichts verlang ich mehr!

Chor:
Verlangen wohl nach deiner Heimat quälte dich?

Herold:
So daß die Freude Tränen meinem Aug entlockt!

Chor:
Gekranket habt auch ihr an diesem süßen Weh?

Herold:
Auch ihr? Belehrt erst werd ich deines Wortes Herr!

Chor:
Getrauert voll Verlangen nach Verlangenden?

Herold:
Hat heim das Land sein heim sich sehnend Heer gesehnt?

Chor:
Drum hab ich oftmals tief geseufzt in trübem Sinn!

Herold:
Was ward dem Volke solches bösen Grames Schuld?

Chor:
Längst heißt mir Schweigen alles Grames einzger Arzt!

Herold:
Der Fürsten Fernsein, machte dich's vor Fremden bang?

Chor:
So daß mir dein "Jetzt stürb ich gern" gar schön erscheint!

Herold:
Ja, schön vollbracht ist's! Freilich in so langer Zeit,
Mag einer sagen, fügt sich vieles günstig wohl,
Doch andres wieder minder gut. Wer aber ist
Nicht Gott und sonder Leiden all sein Lebelang?
Wollt unsre Mühsal ich erzählen, schwere Wacht
Und selten Ruhtag, schlechtes Lager, und des Tags,
Wann je von Schiffsdienst und Gefährde wir befreit?
Gar auf dem Festland kam dazu noch neue Not;
Denn unsre Zelte lagen hart an Feindes Wall,
Vom Himmel oben und vom Wiesengrund herauf
Durchnäßte kalter Tau uns, sog verderbend sich
In unsre Kleider, unser Haar verwildernd ein.
Spräch ich vom Winter, jenem Vogeltöter, gar,
Wie unerträglich den des Ida Schnee gebracht,
Gar von der Hitze, wenn um Mittagszeit die See

In wellenlos windstiller Ruh sich legend schlief –
Doch wozu klag ich's? 's ist vorüber alle Müh,
Vorüber nun auch denen, die gefallen sind,
Und nimmermehr verlangt sie wieder aufzustehn.
Was soll ich euch herzählen die Gebliebenen und
Mich, der ich lebe, kränken um ihr traurig Los?
Nein. Lebewohl sei allem bösen Tag gesagt!
Denn uns, die wir vom Griechenheer noch übrig sind,
Siegt der Gewinn doch, und ihn wiegt kein Leiden auf;
Wer heimgezogen über Land und über Meer,
Darf so sich rühmen vor der Sonne heilgem Licht:
Troja erobert hat das Heer der Danaer,
Geweiht den Göttern seine Beute, aufgehängt
In allen Tempeln Griechenlands den teuren Schmuck!
Die solches hören, preisen müssen sie das Volk
Und seine Feldherrn; hochgelobt sei aber auch
Zeus' Gnade, die's vollbrachte! Alles weißt du nun.

Chor:
Von deinem Wort bekenn ich gern mich überzeugt;
Zum steten Lernen bleibet auch das Alter jung.
Das Haus und Klytaimestra mag dafür zunächst
Zu sorgen haben, aber wir uns mitzufreun.

Klytaimestra:
Laut aufgejauchzet hab ich längst in heller Lust,
Als meines Feuers erster nächtger Bote kam,
Daß eingenommen Troja und verwüstet sei.
Zwar mancher sagte spottend: "Solchem Feuerschein
Vertrauend, glaubst du, Ilion sei nun zerstört?
Doch Weiberart ist's, außer sich gar bald zu sein!"
Nach solcher Red erschien ich als ein töricht Weib;
Jedennoch opfern ließ ich, und den Jubelruf
Erhuben gellend Weiber, andre anderswo,
In der Stadt umher froh lärmend, in der Götter Sitz
Mit reichen Spenden duftges Feuer sänftigend.
Und nun, was braucht's noch, daß du mir das weitere sagst?
Die ganze Kunde hör ich bald vom Fürsten selbst;
Drum eil ich, meinen erlauchten Herrn aufs herrlichste
Bei seiner Ankunft hier zu empfahn. Was gäb es auch
Für eine Gattin Süßeres, als den Tag zu schaun,
Wo ihrem Mann, der glücklich heimkehrt aus dem Feld,
Das Tor sie auftut! Also sprich zu meinem Herrn:
Zu kommen mög er eilen, vielersehnt der Stadt;
Treu fänd im Haus er sein Gemahl, wie er sie einst
Verlassen habe als des Hauses Wächterin,
Ihm edlen Sinnes, allen Bösgesinnten feind,
In allem andern noch sich gleich, von ihrer Hand
Kein Siegel drinnen während all der Zeit verletzt;
Noch weiß von Wollust, von verbotner Heimlichkeit
Mit fremdem Manne mehr ich denn vom Bad des Stahls!

*(Klytaimestra ab)*

Herold:
Ein solcher Selbstruhm, seiner Wahrheit voll und wert,
Ist tadellos zu sprechen für ein edles Weib!

Chor:
Sie sagt es selbst dir, und du hörst es von ihr selbst,
Vom besten Dolmetsch, durch ihr eignes klares Wort!
Doch sag mir, Herold, ist Menelaos auch mit euch
Heimwärts gesegelt, ist er wohlbehalten auch
Zurückgekommen, unsres Landes lieber Herr?

Herold:
Nicht ist es möglich, daß ich frohe Kunde dir,
Der du dich lange könntest freun, erheuchele!

Chor:
Wie träfst du auch das Wahre, wenn du Frohes sagst?
Daß das sich ewig scheidet, leicht ist's einzusehn!

Herold:
Der Held, er ist verschollen im Hellenenheer,
Er selbst und seine Schiffe. Falsches hörst du nicht!

Chor:
Und ging er vor euch noch von Troja aus in See?
Verschlug ein Sturm ihn, euch und ihm zugleich verhängt?

Herold:
Recht trafst du wie ein wackrer Bogenschütz das Ziel
Und sprachst ein langes Leiden aus mit kurzem Wort!

Chor:
Ob er selbst noch lebe, ob er umgekommen sei,
Kam's durch Berichte fremder Schiffer nicht umher?

Herold:
Wohl keiner weiß es, der es nacherzählen kann,
Als, der der Erde Lebenskraft nährt, Helios!

Chor:
Wie aber, sag uns, ist den Schiffen jener Sturm
Gekommen und vollendet durch der Götter Zorn?

Herold:
Mit böser Botschaft sollte man den frohen Tag
Niemals entweihen; des enthält sich Gottesfurcht;
Bringt aber heim ein Bote der gefallenen
Heerscharen unaussprechlich Leid, mit trüber Stirn
Die Wunden heim, die eine des gesamten Volks
Und andere viele, weil aus jedem Haus den Mann
Hinausgepeitschet Ares' Doppelgeißel hat –
Zweischneidges Unheil, blutge Gramverschwisterung –,
Ja, wem ein solcher Jammer aufgebürdet ist,
Den soll man nennen der Erinnyen Ehrenhold,
Doch Freudenbote glücklich überstandner Not
Den, welcher heimkehrt froh zur frohen Vaterstadt.

Wie misch ich Liebes Bösem bei, wenn ich vom Sturm,
Den Götter uns Achaiern zürnten, sprechen soll?
Denn da verschwur sich, was sich sonst das Feindlichste,
Meerflut und Feuer, sie bewährten ihren Bund,
Vernichtend der Argiver unglückselges Heer.
Es erhob zur Nachtzeit sich der empörten Fluten Sturz,
Aneinander jagte die Schiffe wilder thrakischer
Orkan; sie selbst im Ungestüm des Schloßensturms,
Des typhoischen Wetters, wild vom Horn des Kiels zerfleischt,
Verschwanden spurlos in des Treibers Kreiseltanz.
Als dann das Frühlicht tagend endlich wieder schien,
Da sahn wir rings des stillen Meeres Spiegel blühn
Von Griechenleichen, von zerschellter Schiffe Wrack.
Uns aber hat und unser unversehrtes Schiff
Entwendet, glaub ich, oder bittend frei gemacht
Ein Gott, ein Mensch nicht, der das Steuer uns gelenkt;
Mitfahrend saß beim Ruder Tyche, Retterin,
Daß nicht den Kiel am Ankerplatz noch böse Flut
Bedrohte, noch am Klippenstrand er scheiterte.
Also dem Hades des empörten Meers entflohn,
Mißtrauten unsrem Glück wir auch am heitren Tag
Und ließen weiden unsren Gram das neue Leid
Des mühbeladnen, jammervoll zerstäubten Heers.
Und freut von jenen einer noch des Atems sich,
So redet auch von uns er wie von Toten; denn
Wir wieder meinen, ihnen sei es so geschehn.
So gut es kann, mag's werden; doch Menelaos nun,
Der kommt zuerst wohl und vor allen noch zurück;
Denn wenn ein Lichtblick irgend noch des Helios
Ihn leben sieht und weben durch Zeus' ewgen Rat,
Der sein Geschlecht doch nimmermehr vertilgen will,
So bleibet Hoffnung, daß er einst noch wiederkehrt. –
Soviel du hörtest, Wahres nur hast du gehört!

*(Herold ab)*

**Erste Strophe**

Chor:
Wer erfand den Namen einst,
Namen überall bewährt,
Wenn nicht der, den keiner schaut, der voraus all Verhängnis überdenkt,
Auch das Wort im Zufall lenkt –
Helena deutungsvoll die vielstreitige, speererrungne nennend,
Die, ein Elend allem Geschwader und Volk, aus des Gemahls
Teppichumhülltem Lager floh, fahrend mit segelblähndem Westwind?
Und des Kiels flutenverwehter Fährte nachjagten mit Schild und Speer die Jäger,
Fern gen Simoeis' Uferland steuernd, dem laubumgrünten,
Mit dem empörtesten Blutdurst!

**Erste Gegenstrophe**

Rechte Gramverschwägrung war's,
Die den Troern Götterzorn,
Endesinnend, hat gesandt, für des Gasttisches arge Schändung einst,
Für des höchsten Hortes Schmach

Buße vom Freudenfest, vom brautfeiernden Hymnos einzufordern,
Von dem Hochzeitlied, das die Schwäger daheim sangen mit Stolz;
Doch es verlernte solchen Sang bald die ergraute Priamsfeste;
Und in Gramliedern beseufzend ihre Not, schrie sie, verfluchte sie Paris' Untat,
Noch bevor sie das ganze graunvolle Geschick des Volkes sah
In dem entsetzlichen Blutbad!

### Zweite Strophe

Es zog also ein Mann einst,
Ein Löwenjunges der Muttermilch raubend, selbst sich den Rächer;
Denn es erschien im Anfang,
Zahm mit den Kindern zu spielen,
Treuer Begleiter der Alten,
Ruhete oft in ihrem Arm,
Wie ein gehegter Säugling pflegt,
Sah hellblickend zur Hand herauf, an sich schmiegend vor Hunger.

### Zweite Gegenstrophe

Gereift endlich enthüllte
Die Art er seines Geschlechtes; denn, als der Pflege Vergeltung,
Riß er sich ungeladen
Schafe der Herde zum Mahle,
Tünchte das Haus mit dem Blute rings –
Für die Bewohner übergroß
Unverwindbar bittres Leid;
Gottgesandt dem Geschlecht erwuchs so ein Priester des Unheils.

### Dritte Strophe

In gleicher Art kam gen Ilion, ich möchte sagen:
Ein Sinn wie glanzheitre Meeresstille,
Ein Kleinod wunderholden Reichtums,
Lieblich geheimen Blickes Pfeil,
Herzbetrübende Liebesblüte;
Doch enttäuscht endlich, erfüllt' selbst sie das grambittere Ziel der Hochzeit,
Die, hinweg Frieden und Lust scheuchend, in Priamos' Haus geflohn kam,
Geschenk des gastlichen Zeus,
Brautbeweinte Erinnys!

### Dritte Gegenstrophe

Ein greises Wort, vielberühmt den Menschen, lautet also:
Der große, volkreiche Glückessegen
Gebiert, stirbt nimmer kinderlos;
Und in des Glückes Garten wächst
Unersättlicher Jammer wuchernd!
Doch erkennt anders es mein Geist; denn des Menschen böser Wandel,
Er erzeugt andere Untat, an des Vaters Zügen kenntlich!
Doch frommen Häusern erblüht
Kinderseliges Heil stets!

### Vierte Strophe

Es zeuget gern Übermut alter Zeit Übermut fort und fort,
Der im Leide grünt und reift –
Sei's heut, sei's morgen, wenn nur erst die rechte Stunde kommt –,
Den unüberwindlichen, den allverhaßten, den Abscheu des Sonnenlichts, in des Ge-
schlechts

Nachtdunkler Schuld göttervergeßne Frechheit,
Wieder dem Vater ähnlich!

**Vierte Gegenstrophe**

Doch Dike strahlt unter armselgem, rauchschwarzem Dach,
Ehret frommes Leben hoch;
Wer aber goldgewirkte Pracht mit schmutzger Hand sich webt,
Da flieht des Vaters hehre Tochter, den Blick abgewandt, des Reichtumes Gewalt,
Von feilem Lob falsch gemünzt, verachtend;
Jegliches probt am Ziel sie!

*(Auf hohem Siegeswagen tritt Agamemnon auf; neben ihm sitzend Kassandra. Etwas später tritt Klytaimestra aus dem Palast)*

Chorführer:
Mein König und Herr,
Du des Atreus Sohn, der du Troja bezwangst,
Wie red ich dich an, wie ehr ich dich jetzt
Nicht überentzückt, nicht niedergedrückt
Von der Freude des Tags?
Wohl mancher versucht zu erheucheln den Schein,
Überschreitend das Maß des Gerechten!

Mit dem Unglückselgen zu klagen ist leicht
Alljeder bereit; doch die Nadel des Grams
Dringt dem niemals bis zum Herzen!
Und Fröhlichen wieder erscheinet er froh
Und zwingt nichtlachende Stirn, daß sie lacht.
Doch wer wie ein wackerer Hirte des Volks
Achtgibt, dem birgt solch Auge sich nicht,
Das, ein treues Gemüt zu bekunden bemüht,
Liebäugelt in wäßriger Freundschaft!

Du dünktest mich einst, da du fort in den Krieg
Um Helena zogst – nicht berg ich es dir –,
Sehr töricht zu sein, und es blieb mir im Geist,
Daß du nicht recht lenktest das Steuer des Sinns,
Unwilligen Mut
Für Kampf und Tod zu erzwingen.
Jetzt aber erfreut mich im tiefsten Gemüt
Die Gefahr, die glücklich vorbei euch zog;
Du wirst mit der Zeit, wenn du nachforschst, sehn,
Wer löblich und wer nicht, wie es sich ziemt,
Von den Bürgern die Stadt dir bewahrt hat.

Agamemnon:
Zuerst gebührt sich's, Argos und die heimischen
Gottheiten fromm zu grüßen, die zur Wiederkehr,
Zu meinem Recht mir halfen, das ich von Priams Stadt
Gefordert habe. Sie, des Streites Richter nicht
Nach Red und Gegenrede, warfen offenbar
In des Blutes Urne Trojas männermordende,
Des Todes Kugel; bei der andern, unberührt
Von aller Hand noch, saß die Hoffnung kummervoll.
Am Rauch erkennt man Trojas Trümmerstätte jetzt;
Die Todeswolke lebt und weht, und sterbend haucht

Des einstgen Reichtums schwülen Qualm die Asche noch.
Dafür gebührt den Göttern vielgedenker Dank,
Da auch die Tücke wutgeschürzter Schlingen wir
Vergolten haben und des Weibes wegen jetzt
Die Stadt in Staub trat das Argiver-Ungetüm,
Des Rosses Nestling, unser schildgewandtes Volk,
Das sich zum Fang hob um der Plejaden Untergang;
Da übersprang den Wall es, ein blutdurstger Leu,
Und leckte dürstend sich im Königsblute satt.
Den Göttern hab ich diesen ersten Gruß gesagt;
Zu deiner Meinung, der ich wohl gedenke, dies:
Dasselbe sag ich und vertrete, was du sprachst;
Denn wenig Menschen ist es angeborne Art,
Den hochbeglückten Freund zu ehren sonder Neid;
Denn in das Herz tief frißt sich ein des Neides Rost
Und kränkt mit zweifach bösem Gram den Krankenden;
Von eignem Leide nieder schon gedrückt, beseufzt
Er's doppelt bitter, daß er andre glücklich sieht.
Wohl nennen darf ich – denn ich hab es selbst erkannt
In meines Lebens Spiegel – eines Schattens Bild
Den Schein der Treue, den mir viele viel gezeigt;
Und nur Odysseus, welcher ungern mit uns zog,
Trug willig mit mir, unter gleiches Joch gebeugt! –
Ob er der Toten einer, ob am Leben noch,
Weiß Gott! – Das weitre für die Götter und die Stadt,
In der Volksversammlung wird es nach gewohnter Art
Erwogen werden; was sich gut und tüchtig zeigt,
Für dessen Aufrechthaltung wird zu sorgen sein;
Doch wo's des Arztes und der Arzenein bedarf,
Da auch mit Schnitt und Feuer, doch voll Liebe werd
Ich solchen Aussatz wegzutilgen mich bemühn.
Und nun zum Palast und zum Herde heimgekehrt,
Heb ich den Göttern betend meine Hand empor;
Die fern hinaus mich sandte, die mich heimgeführt,
Nike, die mir gefolget, sei mein immerdar!

Klytaimestra:
Argiver, Bürger, unsrer Stadt ehrwürdger Stolz!
Nicht soll's mich schämen, wie ich liebe meinen Mann,
Vor euch zu sagen; sondern auslischt uns die Zeit
Die blöde Scheu vor Menschen. Eignen Grams belehrt,
Will ich erzählen, wie ich still und kummervoll
Fortlebte, während jener lag vor Ilion.
Schon daß so weit von ihrem Mann getrennt ein Weib
Einsam daheim sitzt, das ist unaussprechlich hart;
Gerüchte hört sie, viele, widersprechende;
Bald daß er komme, bald er bringe mit zurück,
Was schlimmer als das Schlimmste sei, so heißt's im Haus.
Und wenn ihm soviel Wunden dort geschlagen sind,
Wie das Gerücht uns fort und fort zu Ohren kam,
Sein Körper wäre wie ein vieldurchlöchert Netz;
Und wär er stets gefallen, wenn gesagt es ward,
Gleich einem zweiten dreigeleibten Geryon

Könnt er im Leben – denn vom Tode red ich nicht –
Gar manch ein dreifach Leichentuch zu haben schon
Sich rühmen, einmal sterbend mit jedwedem Leib.
Um solcher unglückselgen Kunde willen war's,
Daß mancher Schlinge, hochgeknüpft um meinen Hals,
Mich überrascht und wider Willen man entriß.

*(Zu Agamemnon)*

Drum steht der Knabe nicht mir, wie es müßte sein,
Er mein und deiner Liebe liebes Unterpfand,
Orest mir nicht zur Seite; wundre drum dich nicht!
Dein treuer Gastfreund zieht ihn dir wohlwollend auf,
Der Phoker Strophios, der mir viel Bedenkliches
Vorausgesagt hat, wie in Gefahr vor Ilion
Du schwebtest, wie das herrscherlose Volk den Rat
Leicht in Empörung stürzte, wie es angeborn
Den Menschen sei, Gestürzten doppelt weh zu tun.
Glaub nicht, es berge dies Entschuldgen dir Betrug! –
Mir aber ist der Tränen ewig strömender
Brunnquell versieget; drinnen ist kein Tropfen mehr;
Mein spätentschlummernd Auge krankt und schmerzt mich sehr;
Um dich zu weinen, saß ich Mitternächte durch,
Von denen du nichts wußtest; wieder dann im Traum
Erweckte früh mit schwirrend leisem Flügelschlag
Mich eine Mücke, wann ich deiner Leiden mehr
Sah, denn die Zeit begreifen konnte, die ich schlief.
Nachdem ich alles das mit ungebeugtem Sinn
Ertragen, nun begrüß ich dich des Hauses Hort,
Ein allerrettend Ankertau, des hohen Dachs
Grundfester Pfeiler, eines Vaters einzig Kind,
Und Land, dem Schiffer wider Hoffnung aufgetaucht,
Ein schönster Frühlingsmorgen nach dem Wintersturm,
Dem müden, durstgen Wandersmann ein frischer Quell!
So selig ist es, aller Not entflohn zu sein,
Und solchen Grußes acht ich dich darum mir wert!
Fern bleibe Mißgunst; haben wir doch Gram genug
Zuvor erduldet! – Nun, o du mein teures Haupt,
Steig mir von deinem Wagen; auf die Erde nicht
Setz deinen Fuß, Herr, den Zertreter Ilions!
Was säumt ihr, Mägde, da euch aufgetragen ist,
Die Decken hinzubreiten über seinen Weg!
So eilt, daß purpurüberdeckt ihm sei der Gang,
Den wider Hoffnung Dike leitet seinen Fuß;
Das andre wird mein Sorgen, das kein Schlaf bezwang,
Gerecht, so Gott will, bald erfüllen, wie es muß!

*(Die Sklavinnen breiten Purpurteppiche bis zum Palast)*

Agamemnon:
Du Tochter Ledas, meines Hauses Hüterin,
Du sprachst der Zeit, die ich entfernt war, wohlgemäß
In gleicher langer Rede; doch ein echtes Lob –
Aus fremdem Mund muß kommen uns ein solch Geschenk.
Auch wolle sonst nicht mit mir zärteln nach der Art

Der Weiber noch am Boden liegend tief herauf,
So wie's Barbaren tun, mir knechten deinen Gruß,
Noch mache gar mit deinem Purpur meinen Weg
Verhaßt: die Götter nur ist so zu ehren recht!
Daß ich, ein Mensch, auf bunten Prachtgewanden soll
Hinschreiten, mir ist's Grund zu mehr als eitler Furcht;
Ich will geehrt als Menschen, nicht als Gott mich sehn;
Auch ohne deiner Decken, deines Purpurs Stolz
Erhebt der Ruf mich, und es ist, nicht argen Sinns
Zu sein, der Götter größt Geschenk. Den mag beglückt
Man preisen, der sein Leben schließt im lieben Glück;
Wenn mir es stets so würde, hätt ich frohen Mut!

Klytaimestra:
O sage du nicht mir das wider meinen Wunsch!

Agamemnon:
Den Wunsch bewahr ich, glaub mir, unveränderlich!

Klytaimestra:
Hast du gelobt aus Furcht, es irgend je zu tun?

Agamemnon:
Wenn einer, hab ich meinen Entschluß wohl bedacht!

Klytaimestra:
Was, meinst du, täte Priamos wohl an deiner Statt?

Agamemnon:
Ich glaube, der beträte deiner Decken Pracht!

Klytaimestra:
So habe nicht mehr vor der Menschen Tadel Scheu!

Agamemnon:
Und doch gewichtig ist des Volkes Stimme stets!

Klytaimestra:
Wer unbeneidet, ist des Neides nimmer wert!

Agamemnon:
Streit aufzusuchen ziemet für ein Weib sich nicht!

Klytaimestra:
Jedoch besiegt zu werden dem, der glücklich ist!

Agamemnon:
So achte du auch meinen Sieg in diesem Streit!

Klytaimestra:
Gib nach, gewähre willig mir die Oberhand!

Agamemnon:
Nun, wenn du gern willst, mag man schnell die Sohle mir
Abbinden, meines Fußes treue Dienerin,
Daß nicht mich fernher treffen mag, wenn ich in ihr
Auf Purpur wandle, eines Gottes neidscher Blick:
Denn ich fürchte sehr zu verderben meines Hauses Glück,

Wann solchen Reichtum, solch Geweb mein Fuß verdirbt!
Davon genug jetzt. Dieses fremde Mädchen führ
Ins Haus mir freundlich; wer als Herr sich mild erzeigt,
Auf den herab sieht mild und gnadenreich der Gott;
Mit frohem Herzen trägt ja niemand Sklavenjoch.
Aus vielen Beuten als die schönste Blume mir
Vom Heer erlesen und geschenkt mir, kam sie mit.
So will ich, da ich dir zu folgen über mich
Gewann, ins Haus gehn, tretend auf des Purpurs Glanz!

(Geht in den Palast)

Klytaimestra:
Es ist ein Meer noch – und das Meer, wer schöpft es leer? –,
Das vielen Purpurs silberaufgewägten Saft
Erzeugt, den immerneusten, prachtkleidfärbenden,
Davon, den Göttern dank es, Herr, dein Haus besitzt!
Zu haben, nicht zu darben hat dein Haus gelernt.
Und viele Decken hätt ich zum Zertreten gern
Gelobt, wenn das mir ein Orakel angezeigt,
Als Dank, daß heim dein Leben du mir hast gebracht.
Denn lebt die Wurzel, so umgrünet Laub das Dach
Und breitet Schatten vor dem heißen Sirius;
Du, heimgekehrt mir an den heimatlichen Herd,
Mir kündest Frühlingswärme du in Winterszeit;
Und wieder, wenn in herber Traube Zeus den Wein
Läßt reifen, lieber Kühle gleich weht's dann im Haus,
Weil du vollendend wieder heimgekommen bist! –
Zeus, Zeus Vollender, endlich ende mein Gebet;
In deine Hände leg ich, was du enden mußt!

(Ab in den Palast)

## Erste Strophe

Chor:
Warum ist's, daß immerfort
Jenes Zeichen meinem Blick,
Meinem ahndungsvollen Geiste vorschwebt?
Daß der Gesang ungelohnt, ungeboten mir weissagt?
Warum nicht, vergessend sein,
Sein wie eines dunklen Traums,
Weilt auf meines Gemüts liebem Thron getroster Mut?
Und doch: vorbei ist längst die Zeit, daß fern am Strand
Heer und Schiffe man altern ließ, als zur See gen Ilion
Unser Heer gezogen war!

## Erste Gegenstrophe

Eigner Zeuge, eignen Augs
Sah ich ihre Wiederkehr;
Dennoch singet drinnen harfenlos mir,
Willenlos mir den Trauergesang der Erinnys
Meine Seele, ruhig nicht
Durch der Hoffnung frohen Mut!
Und dies Bangen, erwägt's kalter Ernst, so täuscht sich nicht
Mein Herz, vom Strudel nahnder Erfüllung miterfaßt!

Möcht es anders, wie ich's geahnt, möcht es ewig unerfüllt
Als ein Nichts in Nichts vergehn!

## Zweite Strophe

Denn es verzehrt, heimlich zerstört alle blühnde Gesundheit selbst sich; ihr Nachbar,
Wohnt, Mauer an Mauer ihr, lauerndes Siechtum!
Mitten in glücklicher Fahrt
Treibet des Menschen Verhängnis
Auf verborgene Scheiterklippen;
Wirft Besorgnis einen Teil
Dann hinab vom reichen Gut,
Einen vollgemeßnen Wurf,
Nicht versinkt sein Haus dann ganz,
Grambelastet allzusehr,
Noch verschlingt die See den Kiel;
Wahrlich, reifende, reichliche Gabe des Zeus in den jährlichen grünenden Fluren
Sättigt leicht den Hungernden!

## Zweite Gegenstrophe

Doch in den Staub wenn das dahinsterbend dunkele Blut einmal sich gemischt hat,
Wer ruft es mit Zauber zurück in das Leben?
Welcher vor allen verstand
Tote zu wecken, es zwang den
Zeus, nicht schonend, zur Ruh des Todes.
Aber wenn es kein Geschick
Gottbeschieden hinderte,
Längren Lebens froh zu sein,
Eilen würde da mein Herz,
Auszuströmen diesen Wunsch;
Doch im Dunkel kummervoll
Pocht es zagend, im Tiefsten verzagend, das Knäuel der Gedanken zu lösen,
Wild umtost von dunkler Angst! –

*(Klytaimestra tritt eilig aus dem Palast)*

Klytaimestra:
So komm hinein doch! Du, Kassandra, bist gemeint;
Nicht zürnte Zeus dir, daß er in unsrem Hause dich
Am Opfer teil läßt nehmen, mit den übrigen
Dienstboten hinzutreten an den heilgen Herd.
So steig herab vom Wagen! Laß den eitlen Stolz!
Denn auch Alkmenes Sohn, so sagt man, trug es einst,
Verkauft zu leben und gezwungen Knecht zu sein.
Wenn nun ein Schicksal dieser Art jemandem wird,
So ist ein altbegütert Haus am leidlichsten;
Doch die sich Reichtum unerwartet ernteten,
Sind ihren Sklaven immer hart und ungerecht.
So weißt du also, wie's bei uns gehalten wird.

Chorführer:
Sie hat zuletzt dir recht ein wahres Wort gesagt,
Und bist du einmal im verhängten Netz, so folg,
Da du ihr doch mußt folgen; oder folgst du nicht?

Klytaimestra:
Versteht sie nicht, gleich Schwalben, unverständliches
Geschwätze der Barbaren nur, so rat ich ihr
Mit klaren Worten, wohlverständlich, daß sie folgt!

Chor:
Geh mit! Sie rät das Beste, was dir übrig ist;
Gehorche! Steig aus deinem Wagensitz herab!

Klytaimestra:
Nicht hab ich Muße, lange vor den Türen hier
Zu weilen; denn in Hauses Mitten am Altar
Steht unser Opfer schon am Feuer uns bereit,
Die wir uns niemals solche Lust erwarteten.
Willst du dabeisein, nun, so zögre länger nicht,
Und kannst du unvernehmlich nicht mein Wort verstehn,
So sag's mir statt mit Worten mit der Barbarenhand!

Chor:
Ein klarer Dolmetsch scheint der Fremden not zu sein,
Sie ist so schüchtern wie ein neugefangen Wild.

Klytaimestra:
Nein, ist von Sinnen, hört nur ihrem argen Trotz,
Daß sie entfernt von ihrer neugefangnen Stadt
Herkam; dem Zügel sich zu fügen scheint ihr fremd,
Eh nicht, gepeitscht, sie blutgen Schaum zu Boden trieft!
Nicht weiter nutzlos sprech ich hier zur eignen Schmach!

*(Eilig ab)*

Chor:
Und ich – mich jammert deiner –, eifern will ich nicht!
So komm, du Arme; deinen Wagen laß allein;
Dem Zwange weichend, weih das neue Joch dir ein!

**Erste Strophe**

Kassandra:
Ha, Götter! Oh!
Apollon! Apollon!

Chor:
Was rufst du solch ein traurig Ach dem Loxias?
Er ist der Gott nicht, dem des Grames Ruf gebührt!

**Erste Gegenstrophe**

Kassandra:
Ha, Götter! Oh!
Apollon! Apollon!

Chor:
Von neuem rief sie mit entweihndem Schrei den Gott,
Dem nie gerecht ist, solchem Jammer nah zu sein!

**Zweite Strophe**

Kassandra:
Apollon! O Apollon!
Du Wegführer! O Abholder mir!
Abhold verdirbst du gar mich ganz zum zweitenmal!

Chor:
Ihr eignes Unheil will sie wohl verkündigen;
Des Gottes Geist weilt auch im Sklavensinne noch!

### Zweite Gegenstrophe

Kassandra:
Apollon! O Apollon!
Du Wegführer! O Abholder mir!
Wohin geführt hast du mich, ach, in welches Haus?

Chor:
Zum Hause der Atriden, wenn du nicht es weißt;
Ich sag es gern dir, falsch erfindest du es nicht!

### Dritte Strophe

Kassandra:
Ha! Götterverhaßtes Haus! Du von unzählger Schuld
Zeuge, von Strick, von Wechselmord,
Von Mannes Opferbecken, Boden blutbespritzt!

Chor:
Scharfspürend scheint die Fremde, wie ein Jägerhund,
Zu wittern, wessen Todesblut sie spüren mag!

### Dritte Gegenstrophe

Kassandra:
Ha! Diese belehren mich, deutliche Zeugen sind's,
Weinende Kindlein, jäher Mord,
Ihr Fleisch gebraten und vom Vater aufgezehrt!

Chor:
Wir haben sonst schon viel von deinem Seherruf
Erfahren alle, suchen jetzt Wahrsager nicht!

### Vierte Strophe

Kassandra:
O Götter ihr! Weh, was ersinnt sie jetzt?
Welch unerhörtes, neues Weh,
Welch gräßlich Unheil drinnen beginnt die Wilde jetzt –
Unsagbar, unsühnbar, ein Fluch allen! Ach, und Hilfe von keiner Seite!

Chor:
Mir unbegreiflich sprachst du dies Orakel aus;
Klar war mir jenes; denn die ganze Stadt erzählt's!

### Vierte Gegenstrophe

Kassandra:
Unselge du! Wehe, du führst's hinaus!
Der an der Seite dir geruht,
Den du ins Bad lockst, deinen Herrn – wie sag ich's ganz?
Denn gleich ist's erfüllt – frech hervor recket, ach! schon hastig sich Arm um Arm!

Chor:
Ich faß es nimmer, unerklärlich Rätsel birgt
Mir deiner zukunftschwangren Worte dunkler Sinn!

### Fünfte Strophe

Kassandra:
Ach! ach! o schau! o schau! Wieder, was seh ich da?
Ist's gar ein Netz des Todes?
Die Schlinge Bettgenossin, Blutgenossin
Des Mordes ist's! Jauchze, du wilder Haß
Dieses Geschlechtes, jetzt diesem Blutopfer zu!

Chor:
Weh! Welchen Dämon rufst du auf, in diesem Haus
Wild aufzujubeln? Fröhlich macht dein Wort mich nicht!
Nein, in das Herz zurück stürzt mir in dumpfer Angst
Das Blut totenbleich, wie der Verwundeten
Brechendes Auge der Tod tief in Nacht hüllt;
Verderben eilt gar zu schnell!

### Fünfte Gegenstrophe

Kassandra:
Ach! ach! o sieh! o sieh! Halt von der Kuh doch fern
Den Stier! Im weiten Mantel
Fängt sie den schwarzgehörnten ein mit arger List!
Sie trifft – er sinkt, sieh, in des Beckens Flut! –
Von dem Geschick in mordlistgem Bad hörtest du!

Chor:
Nicht großer Kunde rühm ich mich im Deuten von
Orakelsprüchen; doch ein Unglück ahnd ich hier!
Wo ist ein freundlich Wort von den Orakeln je
Den Sterblichen gesandt? Im Leid selber erst
Lassen verstehn die vieldeutigen Sprüche
Die gottgeweissagte Furcht!

### Sechste Strophe

Kassandra:
O mein, der Armen, gar zu betrübtes Los!
Denn um mein eigen Leid sing ich die Klage mit drein!
Warum denn hierher hast mich Arme du gebracht?
Doch einzig, daß ich mit dir stürbe! Wozu sonst?

Chor:
Dich hat ein Gott verwirrt,
Dir das Gemüt verstört, daß unselgen Sang
Du von dir wie die Nachtigall wehklagst,
Die im betrübten Sinn, ach! des Rufs nimmer satt,
Itys, o Itys! seufzt; ewiger Gram umblüht
Ihr Wehklageleben!

### Sechste Gegenstrophe

Kassandra:
O selig Schicksal singender Nachtigall!
In den beschwingten Leib kleideten Götter sie
Und gaben süße, tränenlose Tage ihr;
Doch meiner harret Mord von doppelscharfer Axt!

Chor:
Aber von wannen kam,
Kam dir vom Gott gestürmt der Angst eitler Wahn,
Daß du dir die Gefahr so tief wehklagst,
Wider sie jammerlaut, hellen Schmerz gellend schreist?
Wer hat das Ziel der weissagenden Klage dir,
Das Fluchziel, gesetzt?

**Siebente Strophe**

Kassandra:
Du Ehe, Paris' Ehe, weh! Die du den Freunden Tod gebracht!
O du Skamandros, meiner Väter Trank!
An dem Gestade dein lebte ich Arme wohl glückliche Tage sonst!
Nun glaub ich, am Kokytos, an des Acheron
Felsufern werd ich singen meine Sprüche bald!

Chor:
Wie du es uns mit dem Wort gar zu verständlich sagst!
Und auch ein Kind verstünde dich;
Mich schlägt, blutig schlägt nagender Kummer mich,
Wie dein bittres Los wissend umsonst du beweinst,
Wunder zu hören mir!

**Siebente Gegenstrophe**

Kassandra:
Du Gram, o Gram du meiner Stadt, die du zumal dem Tod erlagst,
Oh, meines Vaters fromme Opfer ihr,
Prangender Herden Blut, unserer Stadt zum Heil; aber es gab kein Heil,
Daß unsre Stadt nicht litte, was ihr jetzt geschehn! –
Ich aber sinke bald im heißen Todeskampf!

Chor:
Wie du vorher, so sprichst wieder du gar zu klar.
Sag, welcher schwererzürnte Gott
Erfaßt überstark dich, stürmt wild dich empor,
Daß Wehklage du, Jammer des Todes du singst?
Wie wird das Ende sein?

Kassandra:
Es soll von nun an unter Schleiern nicht hervor
Die Verheißung blicken gleich der neuvermählten Braut;
Ein heller Frühwind, wird sie wach, dahinzuwehn
Gen Sonnenaufgang, und es rauscht wie Meeresflut
Bei dieser Blutschuld erstem Strahl gewaltiger
Empor! Verkünden will ich nicht in Rätseln mehr!
Und seid mir Zeuge, daß ich, jeder Spur gewiß,
Des allverübten Frevels Fährte wittere.
Denn dieses Haus läßt nimmermehr des Chors Gesang,

Der, laut und doch mißlautig, Frohes nimmer singt.
Denn, voll und trunken bis zum frechsten Übermut
Vom Menschenblut, tobt durch das Haus ein Trinkgelag,
Der Erinnyen schwergebannter, blutsverwandter Schwarm;
Ihr gellend Trinklied singen sie, an den Herd geschart,
Urerste Blutschuld, schmähen und verfluchen dann
Des Bruders Ehbett, das den Schänder niederschlug!
Verfehl ich's, treff ich's, wie die Jägerin ihr Wild?
Und Lügenseherin, Bettelprophetin, sprich, bin ich's?
So schwöre mir zu zeugen, daß ich klar gewußt
Von dieses Hauses altgeerbter Frevelschuld!

Chor:
Wie mag des Schwures fromm geschlungen Band ein Heil
Gewähren? Doch dich staun ich an, daß, über See
Geboren, alles du uns Andersredenden
Kannst nacherzählen, gleich als hättest du's gesehn!

Kassandra:
Es gab Apollon mir, der Seher, dieses Amt.

Chor:
Vielleicht, ein Gott er, dir in Liebe doch besiegt?

Kassandra:
Vor diesem hab ich mich geschämt, das zu gestehn.

Chor:
Zu zartgewöhnt sind freilich alle Glücklichen.

Kassandra:
Mein Buhle war er! Und er hat mich sehr geliebt!

Chor:
Und hat der Gott in seiner Liebe dich erkannt?

Kassandra:
Versprochen hatt ich's, und belog den Loxias!

Chor:
Da du der gotterfüllten Kunst schon mächtig warst?

Kassandra:
Ja; schon verhieß ich meinem Volke jedes Leid.

Chor:
Ließ ohne Strafe dich der Zorn des Loxias?

Kassandra:
Es glaubte niemand nichts mir, seit ich das getan!

Chor:
Uns wahrlich scheinst du gar zu wahr zu prophezein!

Kassandra:
O Gott! Weh! Qualen!
Auf reißt mich wieder der Begeistrung wilder Schmerz!
Im jähen Wirbel stürmen Sprüche wirr hervor!
Ha! seht ihr die dort sitzen vor der Tür, so still,
So jung, der Träume Truggestalten gleich zu schaun,
Zween Knaben gleich, als hätten Freunde sie gewürgt,
Die kleinen Hände mit des eignen Fleisches Kost,
Der eignen Eingeweide jammervollem Mahl
Gefüllt, davon der eigne Vater gessen hat?
Um diese sinnt jetzt auf Vergeltung, sag ich dir,
Ein Löwe Feigling, Hauses Hüter, seines Betts
Nestling, Vergeltung. Wehe deinem teuren Herrn
Und meinem – Sklavin bin ich ja und trag es auch!
Der Schiffe König, Ilions Bewältiger,
Nicht weiß er, wie ihr Willkommen ihm die Gleisnerin,
Der scheußlichen Hündin Lippe, wie ein heimliches
Verhängnis bald vollenden wird zum Gruß des Fluchs!
Sie wagt's! Das Weib des eignen Mannes Mörderin!
Welch scheußlich Untier leihet seinen Namen ihr,
Der träfe? Nenne Drachen, nenne Skylla sie!
In tiefer Klippenhöhle aller Schiffer Tod,
Wahnwitzge Hadesmutter, die sühnlosen Fluch
Den Lieben zustürmt! – Wie sie laut gejauchzet hat,
Die Allverwegne, gleich als schlage sie den Feind,
Sie nennt es Freude, daß er glücklich heimgekehrt! –
Und ob es niemand glaube, nun gilt's gleich. Wie nicht?
Es kommt die Zukunft; um ein kleines Zeuge selbst,
Nennst du mich weinend allzuwahre Seherin!

Chor:
Das Mahl Thyestens von der eigenen Kinder Fleisch
Erkannt ich, und mich schaudert; Furcht bewältigt mich,
So wahr zu hören, was ich nicht mißdeuten kann;
Doch für das andre, da verlier ich jede Bahn!

Kassandra:
Agamemnons Ende, sag ich, wirst du heute sehn!

Chor:
Kein böses Wort, Unselge, schweige deinen Mund!

Kassandra:
Und doch ersteht dir keiner, der dem Worte wehrt!

Chor:
Ja, wenn's geschehen ist; aber nimmermehr gescheh's!

Kassandra:
Du mögest beten! Jene sorgen für den Mord!

Chor:
Sprich, wessen Hand wird solche Freveltat begehn?

Kassandra:
Was ich geweissagt, überhört hast du es sehr!

Chor:
Nein, doch begreif ich des Vollbringers Ränke nicht!

Kassandra:
Und doch versteh ich der Hellenen Sprache wohl!

Chor:
So auch die Pythosprüche, dunkel sind sie doch!

Kassandra:
Ha! Welches Feuer! Brennend flammt's an mir empor!
Ha, du, Lykeios Apollon! Wehe, weh mir! Ach!
Da die, die Menschenlöwin, die geschlafen hat
Beim Wolf, da fern der hochgeborne Löwe war,
Mich Arme will sie töten, will zu ihrem Haß
Ihm, ach! in den Gifttrank mischen auch den Lohn für mich;
Sie wetzt das Messer ihrem Herrn, sie rühmt sich laut:
Mord soll es rächen, daß er mich hat mitgebracht!
Was hab ich länger mir zum Gespött den heilgen Schmuck,
Den Zepter noch, den Seherkranz um meine Stirn?
Fort! eh der Tod mich fasset, brech ich dich entzwei!
Euch werf ich hin, verkommt ihr! So vergelt ich euch;
Bringt einer andren eures Elends Bettelstolz!
Sieh her, Apollon, der du mir mein Seherkleid
Nun selber ausziehst, der auf mich du niedersahst,
Als Freund und Feind mich auch in diesem deinen Schmuck
Gar sehr verhöhnten, unverhohlen, wahnbetört!
Gescholten Törin, Bettlerin, Lügenzauberweib,
Wahnwitzig, elend, hungersüchtig – ich ertrug's!
Nun hat der Seher mich, die Seherin, gestraft!
Hat mich in dies Verhängnis, in den Tod geführt!
Statt meiner Väter Altar harret mein der Block,
Drauf blutig heißer, scharfer Mord bald mich erschlägt!
Doch nein, ich sterbe nicht den Göttern ungerächt;
Denn wieder wird einst unser Rächer nahe sein,
Der Muttermörder, der des Vaters Mord vergilt;
Ein irrer Flüchtling, kehrt er aus der Fremde heim
Und setzt den Schlußstein aller Schuld der Seinigen.
Geschworen also war den Göttern höchster Schwur,
Sie nachzustürzen in des erschlagenen Vaters Sturz! –
Warum erseufzet wieder mein, der Sklavin, Mund?
Da ich zum ersten sah die Feste Ilion,
Wie sie geendet, enden, meines Landes Volk
Also hinweggetilget durch der Götter Spruch! –
Ich geh, zu enden: leiden werd ich dort den Tod!
Dich, Pforte, grüß ich, Pforte mir ins Schattenreich!
Doch fleh ich eins, mich treffe gleich der Todesstreich,
Auf daß, wenn mein sanftsterbend Blut zu Boden fließt,
Sich ruhig ohne Todeskampf mein Auge schließt!

Chor:
O viel unselges, wieder auch viel weises Weib,
Du sprachest reichlich. Aber wenn wahrhaftig du

Dein eigen Schicksal weißest, warum gehst du, gleich
Dem gottgetriebnen Stier, zum Altar festen Muts?

Kassandra:
Nicht gibt es Rettung, Freunde, nicht durch Zögern mehr!

Chor:
Doch wer der letzte zögernd bleibt, gewinnet schon.

Kassandra:
Nein, meine Stund ist kommen; Flucht frommt wenig mir!

Chor:
So wisse, leiden wirst du um so festen Mut!

Kassandra:
Begreifen kann das niemand von den Glücklichen!

Chor:
Ja, rühmlich sterben ist den Menschen süßer Trost.

Kassandra:
– Mein Vater! Über dich und deine Kinder, oh!

Chor:
Was ist dir? Welch Entsetzen schrecket dich hinweg?

Kassandra:
Weh, weh!

Chor:
Was will der Wehruf? Ist's ein Graun, das dich erfaßt?

Kassandra:
Mord haucht das Haus mir, blutumtrieften Mord mir zu!

Chor:
Nicht doch; der Weihrauch auf dem Herde duftet so!

Kassandra:
Es wehet Dunst mir wie aus einem Grabe zu!

Chor:
Kein syrisch Duftgepränge, das du rühmst dem Haus!

Kassandra:
So geh ich, so bewein ich noch im Hause mein
Und Agamemnons Ende. Sei's des Lebens gnug!
O Freunde!
Nicht klagen will ich, wie der Vogel im Gebüsch,
Furchtsam, vergebens. Mir, der Toten, zeuget einst,
Wie das Weib an mein, des Weibes, Statt erschlagen liegt,
An des Mannes Statt der fluchgefreite Mann erliegt!
Mit diesem Gastgruß tritt hinein die Sterbende.

Chor:
Du jammerst, Arme, um den Tod mich, den du ahnst!

Kassandra:
Einmal noch sagen will ich letzten Spruch und Gram,
Den eignen, meinen: dich beschwör ich, Helios,
Beim letzten Lichte, fordern müsse, wer mich rächt,
Von meinen Feinden, meinen Mördern gleichen Tod,
Wie mich, die Sklavin, ihre Hand behend erschlug!
O dieses Menschenleben! – wenn es glücklich ist,
Ein Schatten stört es; ist es kummervoll, so tilgt
Ein feuchter Schwamm dies Bild, und alle Welt vergißt's;
Und mehr denn jenes schmerzt mich dies: vergessen ist's! –

*(Ab in den Palast)*

Chorführer:
Ein beglücktes Geschick, unersättlich im Gram,
Ist's jedem, der lebt, und niemand wehrt
Vom fingergezeigten Palast es zurück,
Wenn er spräche: du nahe dich nimmer!
Und diesem gewährt von den Seligen ward,
Daß er Ilion nahm,
In die Heimat kam, von den Göttern geehrt;
Und soll der jetzt abbüßen das Blut
Der Erschlagenen, soll mit dem eigenen Tod
Der Getöteten Tod er entgelten,
Wer rühmte sich noch, ihm bleibe gewiß
Gramloses Geschick, wenn er das hört?

Agamemnon:
Weh, bin verwundet! Todeswunde, die mich traf!

Chor:
Stille! Wer, zum Tod getroffen, ruft um seine Wunde laut?

Agamemnon:
Weh mir noch einmal! Bin geschlagen wiederum!

Chorführer:
Ausgeführt schon scheint die Untat nach des Königs Weheruf!
Lasset schnell uns überlegen, was zu tun am sichersten!

Erster Choreute:
So tu denn ich euch diese meine Meinung kund:
Zum Palast her sogleich zu rufen alles Volk.

Zweiter:
Mir scheint es besser, einzudringen jetzt und gleich,
Und schnell zu richten mit dem schnellgezückten Schwert.

Dritter:
Auch ich, derselben Meinung zugetan wie du,
Will, daß man handle; nicht zu säumen drängt die Zeit.

Vierter:
Das sieht sich leicht ein; denn ein Vorspiel ist's, als ob
Der Tyrannei Anzeichen uns man zeigen will.

Fünfter:
Wir zögern fort noch; aber die des Zögerns Ruhm
Zu Boden treten, lassen nicht die Hände ruhn.

Sechster:
Nicht weiß ich, welchen rechten Rat ich sagen soll,
Doch um die Täter muß zuvor beraten sein.

Siebenter:
Derselben Meinung bin ich auch; nicht seh ich ein,
Wie man mit Worten Tote wieder wecken will.

Achter:
Und sollten zur Gefahr des eignen Lebens wir
Des Hauses Schändern weichen, künftig unsern Herrn?

Neunter:
Nein, ich ertrag's nicht; nein, der Tod ist vorzuziehn,
Da jedes Schicksal süßer ist denn Tyrannei.

Zehnter:
Doch sollten auf des Wehgeschreis Anzeige wir
Schon überzeugt sein, daß der Fürst erschlagen ist?

Elfter:
Erst wenn's gewiß ist, sollte man zu Rate gehn;
Ein andres ist vermuten, andres klarzusehn.

Zwölfter:
Dem beizustimmen bin ich überall geneigt,
Daß man genau forscht, wie es steht um Atreus' Sohn.

*(Aus der königlichen Pforte tritt Klytaimestra, das Beil über der Schulter; hinter ihr unter roten
Decken Agamemnons und Kassandras Leichen)*

Klytaimestra:
Wenn vieles sonst ich, wie die Zeit es heischte, sprach,
So scheu ich jetzt das Gegenteil zu sagen nicht.
Wie kann man anders, um den Feinden Feindliches,
Die Freunde scheinen, anzutun, des Jammers Netz
Klug stellen, höher, als ein leichter Sprung heraus?
Mir brachte den Kampf, des ich lange schon gedacht,
Der alte Hader; doch die Zeit erst reifte ihn.
Hier steh ich nach dem Morde, wie ich ihn erschlug;
Ich hab es so vollendet und bekenn es laut,
Daß der dem Tod nicht wehren konnte noch entfliehn.
Ich schlang ein endlos weit Geweb rings um ihn her,
Gleich einem Fischnetz, falschen Glückes Prunkgewand;
Ich schlag ihn zweimal, zweimal weherufend läßt
Er matt die Glieder sinken; als er niederliegt,
Geb ich den dritten Schlag ihm, für des Hades Zeus,
Den Retter der Gestorbnen, frohgebotnen Dank.
So fallend, haucht er den Lebensatem aus
Und trifft, des Blutes jähen Strahl ausröchelnd, mich
Mit einem dunklen Tropfen feinen, blutgen Taus,
Mir minder nicht zur Freude, als Zeus' Regenschaur

Dem Acker, wenn in der Knospen Mutterschoß es schwillt.
Um solchen Ausgang dürftet ihr, ehrwürdge Schar,
Wohl freudig sein, wärt ihr es; ich frohlocke laut.
Und wär es Sitte, Spenden über Leichen auch
Zu gießen, hier wär's wohl gerecht. Und ganz gerecht
Hat er den Kelch so vieler fluchgemischten Schuld,
Den er gefüllt, heimkehrend selber auch geleert.

Chorführer:
Wir staunen deiner Rede, wie du zungenfrech
Noch solche Worte prahlest über dich und ihn!

Klytaimestra:
Mich prüfen wollt ihr als ein unbesonnen Weib!
Ich aber sag euch sonder Furcht, was jeder selbst
Hier sieht – ob loben du, ob du mich tadeln willst,
Mir gilt es gleich: hier liegt Agamemnon, mein Gemahl,
Und zwar als Leichnam, dieser meiner rechten Hand,
Des gerechten Schlächters, Meisterstück! So steht es jetzt.

Chor:
Was für ein Gift, o Weib,
Kostetest du, das dir zu essen die Erd, das dir des grauen Meers
Tiefe zu trinken bot,
Daß du dir solche Wut wecktest und Volkes Fluch?
Die du ihn fingst, die du ihn schlugst, ja, dich verjagt die Stadt,
Dich, den Bürgern ein Scheusal!

Klytaimestra:
Nun sagst du mir mein Urteil, aus der Stadt zu ziehn,
Dem Volk ein Scheusal, von der Bürger Fluch verfolgt;
Und hattest doch gar nichts zu sagen wider den,
Der ohne weitres, gleich als wär es nur ein Lamm,
Wie viele seiner reichen Herden Pracht ihm bot,
Sein eigen Kind doch, meines Schoßes liebste Frucht,
Ließ schlachten, thrakische Winde zu beschwichtigen.
Und mußtest den du nicht verjagen aus dem Land,
Den ungestraften Frevler? Nun, da du vernimmst,
Was ich getan, bist du ein harter Richter. Doch
Ich sag dir, und gerüstet bin ich, so zu drohn:
In gleicher Art magst du mich, wenn du mich besiegst,
Beherrschen; aber wenn ein Gott es anders fügt,
So sollst du spät mir lernen, was verständig ist.

Chor:
Stolze, wie hoch du prahlst!
Dreisteste du, wie du mir dräust! So frech von dem vergoßnen Blut
Rast dir der Geist noch nach.
Über dem Auge glänzt fett dir der Tropfen Blut,
Noch ungerächt, doch es geschieht, daß du, von Freunden bar,
Mord mit Mord noch entgeltest!

Klytaimestra:
Vernimm denn diesen meiner Schwüre heiligsten:
So wahr mir Dike, meines Kindes Rächerin,

Mir Ate und Erinnys, der ich ihn erschlug,
Mag helfen, niemals hoff ich mich dem Haus der Furcht
Zu nahn, solang auf meinem Herd das Feuer noch
Aigisthos anschürt, wie bisher mir treugesinnt;
Der wahrlich ist uns kein geringer Schild des Muts. –
Da liegt er tot, der mein, des Weibes, Recht zertrat,
Der Chryseiden Augenlust vor Ilion;
Tot da die Lanzenbeute, Wunderseherin,
Genossin seiner Nächte, Zukunftdeuterin,
Die treue Buhle, die bei Ruderbank und Mast
Mit ihm umherlag; trieben's doch nicht ungestraft!
Da liegt er tot; und sie, die einem Schwane gleich
Sich noch ein letztes Sterbelied gesungen hat,
Tot neben ihrem Liebsten; meinen Nächten ist's
Der süßen Wollust eine neue Würze mehr!

### Erste Strophe

Chor:
Ach, daß in Eile doch, ohne zu großen Schmerz,
Ohne zögerndes Siechtum,
Der Tod sich uns nahte, ewgen Schlaf,
Nimmer geweckten, zu bringen. Tot liegt,
Der uns der treuste Hüter war,
Der vieles Weh um ein Weib duldete,
Durch ein Weib nun des Lebens ward beraubt!

Weh, Frevlerin dir, weh, Helena dir,
Du allein hast viel, gar vielen entrafft
Vor Ilion rüstiges Leben!
Aber das Glorwürdigste, Rächerin, mörderisch tilgte sie es
In wilder Blutschuld,
Welche, haßempörter Haß,
Mannes Mord, hier daheim im Haus blieb!

### Zweite Strophe

Klytaimestra:
Nicht wünsche das Los dir des Todes herbei,
Hierüber betrübt,
Noch werfe den Zorn auf Helenas Haupt,
Als sei sie schuld, als habe nur sie
So vielen Argivern das Leben entrafft
Und endlos Weh dir erzeuget.

### Erste Gegenstrophe

Chor:
Dämon, der blitzesgleich du in des Tantalos
Stamm und Doppelgezweig flammst,
Gewalt, in gleich wilden Weibern rasend,
Herz mir zerreißend, bewältigt hast du!
Wie ein verhaßter Rabe steht
Sie da an den Leichnamen, gedenkt widerlich
Ihrem Haus herzujubeln ihren Sang!

### Zweite Gegenstrophe

Klytaimestra:
Nun sprach dein Mund wahrhafteren Spruch,
Da den mächtigen du,
Du den Dämon genannt hast unsres Geschlechts;
Der nähret der Frucht in dem hoffenden Schoß
Blutlechzende Gier; eh das alternde Weh
Noch endet, erneut sich der Mord schon.

**Dritte Strophe**

Chor:
Fürchterlich rühmst du des Hauses mächtigen haderempörten Dämon,
Ach, traurigen Ruhm des grausen, unersättlichen Elends.
Ach weh, ach Zeus, durch deinen Rat,
Der alles fügt, der alles schafft;
Denn was geschäh den Menschen ohne dich, Zeus?
Was nicht wäre der Götter Schickung?

Wie soll ich, ach,
Mein König und Herr, wie weinen um dich,
In der Liebe zu dir wie sprechen?
Da liegst du verstrickt in der Spinne Geweb,
Tot da, gottlos du erschlagen!
Ach weh! weh! so unwürdige Ruhe dir!
Von der doppelscharfen Axt
Du mit der Hand wie ein Knecht erschlagen!

**Vierte Strophe**

Klytaimestra:
Und rühmst du, daß dies mein Werk sei,
So sage doch nicht,
Ich sei Agamemnons Gattin auch;
Denn dem Weibe des Leichnams dort an Gestalt
Nur gleich, hat den des empörenden Mahls
Alträchender, nimmer vergessener Fluch,
Des Atreus wütender Rächer gestraft,
Hinopfernd den Mann für die Knaben!

**Dritte Gegenstrophe**

Chor:
Daß du an diesem Blut unschuldig, du Blutge, wer bezeugt's dir?
Wer? Aber dir mochte beistehn seiner Väter Vergelter;
In Strömen gleich entsprungnen Bluts
Drängt fort und fort der öde Kampf;
Er füllt, wohin er immer auch sich fortwälzt,
Den Sumpf blutigen Kindermordes!

Wie soll ich, ach,
Mein König und Herr, wie weinen um dich,
In der Liebe zu dir wie sprechen?
Da liegst du verstrickt in der Spinne Geweb,
Tot da, gottlos du erschlagen!
Ach weh, weh! so unwürdige Ruhe dir!
Von der doppelscharfen Axt
Du mit der Hand wie ein Knecht erschlagen!

**Vierte Gegenstrophe**

Klytaimestra:
's ist nicht, glaub ich, unwürdiger Tod
Dem worden zuteil;
Hat denn er nicht blutige Tücke zuerst
In das Haus mir gebracht? Nein, der mein Kind,
Das von ihm ich empfing, das ich ewig bewein,
Iphigenien mir unwürdig erschlug,
Litt Würdiges jetzt; der beklage sich nicht
In des Hades Reich, daß mordender Stahl
Ihn strafte für das, was er anhub!

**Fünfte Strophe**

Chor:
Ich sinn umsonst, jedes Rats entraten,
Wie ich der Sorge Steuer
Mir wenden soll, weil das Haus dahinstürzt;
Ich fürcht des Unwetters wilden Schloßensturm,
Den blutgen; aufhört's fortan zu tröpfeln!
Es wetzt ein Recht zu andrer Buße sich
Die Moira schon auf anderm Wetzstein.
O Grab! o Nacht! o bedecktest du mich,
Eh ihn ich geschaut, in den silbernen Sarg,
In das Becken des Todes gebettet!
Wer gräbt ihm ein Grab? Wer weinet ihm nach?
Und willst denn noch du ihm, deinem Gemahl,
Den du selber erschlugst, Grabfeier begehn?
Für die Taten des Ruhms ihm ein schnödes Gepräng
Lieblosester Liebe bereiten?
Preisenden Feiergesang an dem Grabe, wer wird
Den mit der Tränen Wahrheit
Dem gottgleich hehren Helden singen?

**Sechste Strophe**

Klytaimestra:
Nicht ziemt es sich dir, ihm solchen Gesang
Zu begehn; durch mich
Sank er und starb er, ich will ihn beerdigen,
Nicht unter Gewein im Palast und Gemach;
Iphigenia kommt, sein Töchterlein hold,
Liebreich, wie sie muß,
Ihm entgegen, dem Vater, zur schweigenden Fahrt
Auf dem ächzenden Strom,
Umhalset ihn zärtlich und küßt ihn!

**Fünfte Gegenstrophe**

Chor:
Vorwurf erhebt sich rasch gegen Vorwurf.
Und zu entscheiden, schwer ist's!
Wer fällte, fällt; wiederbüßt der Mörder!
Das aber doch währt, solang sich Zeus bewährt:
Was jeder tat, leidet er; denn wer reißt
Aus seinem Stamm die Gerte voll gerechten Fluchs?
Verzweigt hat solch Genist das Schicksal!

**Sechste Gegenstrophe**

Klytaimestra:
Eintraf auf *den* wahrhaftig der Spruch
Der Orakel; doch ich,
Bei dem Dämon im Pleistheniadengeschlecht
Schwör ich's, selbst dies Unerträgliche bin
Ich zu tragen bereit; nur möge fortan
Er verlassen dies Haus und ein ander Geschlecht
Heimsuchen mit wechselgemordetem Mord!
Und hätt ich der Güter ein spärliches Teil,
Ganz gnügte mir's doch, wenn des wechselnden Mords
Wahnsinn aus dem Hause verschwände!

*(Aigisthos kommt aus der Gastwohnung)*

Aigisthos:
O frohes Licht des Tages, der Gericht gebracht!
Nun sag ich freudig, Rächer schaun den Sterblichen
Die Götter hochher auf der Erde Missetat,
Da den in den prachtgewebten Purpurdecken ich
Der Erinnys, recht zur Lust mir, tot da liegen seh,
Untat zu büßen, die des Vaters Hand beging.
Denn einst hat Atreus, dieses Landes Fürst und Herr,
Sein Vater, meinen Vater Thyestes, hör mich recht,
Den eignen Bruder, der um das Reich mit ihm sich stritt,
Hinausgestoßen aus der Stadt, aus seinem Haus;
Heimkehrend drauf, am Herde hilfesuchend, kam
Gramvoll Thyestes und erflehte Sicherheit,
Daß er der Heimat Boden nicht mit seinem Blut
Gemordet tränkte; doch zum Gastgeschenk gereicht
Hat sein verruchter Vater Atreus, liebend nicht,
Nein, schändlich meinem Vater, Festgelag und Schmaus
Scheinbar bereitend, Kost von der eignen Kinder Fleisch;
Er ließ die Füßlein und der Hände Fingerkamm
Zu Kohlen brennen (über seines Herdes Glut
Und gab vom andren meinem Vater, daß er aß;)
Der, ohne daß er wußte, was er nehme, nahm
Und aß vom Mahl, du siehst's, dem Fluchmahl des Geschlechts.
Drauf als ihm klar wird dieser Tat Entsetzlichkeit,
Da seufzt er, sinkt er nieder, speiet aus den Mord,
Flucht den Pelopiden ungemeßnen Untergang,
Häuft Graunverwünschung auf die Schmach des schnöden Mahls:
Daß so der ganze Pleisthenidenstamm vergeh!
Nach solchem Fluch kannst dort du den erschlagen sehn!
Ich aber heiße seines Mords gerechter Schmied;
Denn mich, den dritten zu den zween, trieb er fort
Mit dem armen Vater, da ich klein in Windeln lag.
Erwachsen führte Dike wieder mich zurück;
Auch da ich fern war, hatt an ihn ich mich geknüpft,
Geknüpft die ganze sichre Kunst heimtückscher List.
So wäre selbst zu sterben jetzt mir leicht und lieb,
Nachdem ich diesen in die Schlingen Dikes trieb!

Chorführer:
Aigisthos, Frechheit noch zum Frevel haß ich ganz;
Du sagest, gern ermordet habest du den Mann,
Allein ihm diesen jammervollen Tod gebracht –
Ich sag dir, nicht wird im Gericht dein schuldig Haupt
Des Volkes Flüchen und der Steinigung entgehn!

Aigisthos:
Mir redest du das, der du der letzten Ruderbank
Der Stadt gehörst, da unser noch das Steuer ist?
So lern als Greis noch, wie in solchem Alter, Freund,
Schwer ist zu lernen, daß man mäßge seinen Mund;
Denn Ketten lehren und die Qual des Hungers selbst
Das Alter, Wunderärzte, auserlesenste,
Für jede Torheit. Bist du blind mit offnem Aug?
Nicht wider den Stachel löcke, daß er nicht dich sticht!

Chor:
Weib, der du ins Haus schlichst, aufzulauern, wenn er heim
Von Schlachten käme, und zugleich des Helden Bett
Zu schänden, du sannst Tod dem Fürsten, meinem Herrn?

Aigisthos:
Auch dieses Wort scharrt bittrer Tränen Quell dir auf!
Du hast von Orpheus' Lippen ganz das Widerspiel:
Der riß mit seiner Stimme Zauber alles fort,
Empörend du mit deinem Schmähn die Mildesten,
Wirst fortgerissen. Zahmer macht die Zucht dich bald!

Chor:
Und also du willst König mir in Argos sein,
Der, als du Mord sannst, nicht einmal mit eigner Hand
Hinauszuführen du gewagt hast deine Tat!

Aigisthos:
Des Weibes war natürlich, ihn in List zu fahn;
Ich aber schien verdächtig als ein alter Feind.
Doch jetzt mit seinem reichen Schatz versuchen wir
Das Volk zu knechten; wer mir nicht gehorchen wird,
Ich will ihm schon aufpacken, bis ihn gutbejocht
Der Hafer nicht mehr sticht; ihn wird des dunklen Lochs
Langweilger Wirt, der Hunger, wohl noch ruhig sehn!

Chor:
Warum denn hast mit deiner feigen Seele du
Nicht selber ihn ermordet, sondern ihn das Weib,
Des Landes Abscheu und der Landesgötter Greul,
Erwürgt? Orestes, lebte der noch irgendwo,
Auf daß, zur Heimat einst in Tyches Schutz gekehrt,
Er dieser zwei glorreicher Mörder möchte sein!

Aigisthos:
Daß du also wagst zu sprechen und zu tun, du büßt es gleich!

Chor:
Auf denn, liebe Kampfgenossen, ferne nicht mehr ist der Kampf!

(Aigisthos:
Rüstet euch und stellt euch zu mir, macht zuschanden solchen Hohn!)

Chor:
Auf denn! Hab zum Kampf ein jeder sein entblößtes Schwert bereit!

Aigisthos:
Mein entblößtes Schwert in Händen weigr ich mich dem Tode nicht!

Chor:
Was du vom Tod gesagt, es gelte! Mag das Glück denn Richter sein!

Klytaimestra:
Nimmermehr! O teure Männer, häufet nicht noch neues Weh!
Nein, auch das noch einzumähen, allzublutge Ernte wär's!
Nein, genug schon ist des Jammers; Blutvergießen wollet nicht!
Geht, o Greise, geht nach Hause, eh in Wunden ihr der Tat
Straf und Reue leidet; nehmen müßt ihr dies, wie wir's getan!
Ja, wenn einem Leid zuteil ward, haben wir des wohl genug,
Die wir schwerste Wunden leiden durch des Dämons harten Zorn.
Dies ist mein, des Weibes, Meinung, wenn mir einer folgen will!

Aigisthos:
Aber daß mit frecher Zunge diese mich verhöhneten,
Daß sie solches Wort mir anspien, frech versuchten mit dem Gott,
Jede Mäßigung vergaßen, sich empörten ihrem Herrn –

Chor:
Einem feigen Mann zu schmeicheln, nicht Argiver Sache wär's!

Aigisthos:
Doch ich denk, in künftgen Tagen bin ich auch noch unter euch!

Chor:
Nimmer, wenn es fügt der Dämon, daß Orest zurückgekehrt!

Aigisthos:
Ja, ich weiß, Vetriebne nähren sich mit solcher Hoffnung gern!

Chor:
Schalte, schwelge, mach zuschanden Fug und Recht, weil du es darfst!

Aigisthos:
Glaub mir, büßen deine Torheit sollst du mir aufs bitterste!

Chor:
Prahle keck und kühn dem Hahn gleich, wenn er bei der Henne steht!

Klytaimestra:
Achte nicht ihr eitel Schwätzen weiter; ich und du, wir gehn,

Machen alles uns im Hause, da wir Herr sind, wunderschön!

*(Beide ab in den Palast, der Chor ab zur Stadt)*

www.ingramcontent.com/pod-product-compliance
Lightning Source LLC
LaVergne TN
LVHW051313200726
843510LV00010B/1393